비즈니스에 영감을 주는
짧지만 강력한
아이디어

비즈니스에 영감을 주는

짧지만 강력한
아이디어

SMART THINKING BOOK

케빈 던컨 지음 | 이기대 옮김

중앙 books
JoongAng Ilbo

To
**로잔나, 쇼나 그리고 아내 세라에게
이 책을 바칩니다.**

Thanks to
**초고를 검토해준 크리스 바레즈 브라운,
크리스 카마이클, 케이티 클락슨,
조지 쿠퍼, 로지 던컨, 세스 고딘, 리처드 히트너, 유안 셈플,
로리 서덜랜드, 데이브 트로트에게**

이 책의 기획을 도와준 아내 세라에게

**늘 격려해주는 짐 콜린스와 세스 고딘에게도
감사드립니다.**

차 례

시 작 의 글

전작을 내고
많은 분들이 뜨거운 호응을 보내주셨습니다.

눈코 뜰 새 없이 바쁜 비즈니스맨들의 경우
기발한 아이디어를 쉽게 얻게 되었다며
고마움을 표시해왔습니다.

이런 독자들 덕분에 제 글은 점점 더 짧아졌습니다.

이번에는 제게 큰 영감을 준 생각들을 담았습니다.

비즈니스를 하면서 동료, 후배와 함께 성장하는 법,
소통하는 법, 혁신하는 법, 창의성을 발휘하는 법,
관계를 맺는 법, 사고하는 법 등
당신의 비즈니스에 활력을 불어넣어 줄 60개의
촌철살인 메시지를 정리했습니다.

한 권을 처음부터 끝까지 천천히 읽어보셔도 되고,
1분씩 짬을 내어 한 꼭지씩 읽어볼 수도 있습니다.

마음에 드는 아이디어를 발견하면 포스트잇에 적어
벽에 붙여두셔도 좋습니다.

동료들과 함께 이 책에 나오는 주제로 프로젝트나 사업을
새로운 각도에서 검토하고, 시도해보세요.
부디 실무에 잘 적용하기를 바라며,
이 책에서 얻은 아이디어들로 당신의 비즈니스에
어떤 진척을 보았는지 알려주시면 좋겠습니다.

영국 웨스트민스터에서

케빈 던컨

"성장은 뜻밖의 어둠 속에서도 도약할 때 이루어진다."
– 헨리 밀러

Part 1
성장
GROWTH

01/**계획**
PLANNING

계획은 그저 계획일 뿐입니다.

계획을 어딘가에 적어둔다고 이루어진다는 의미는 아니죠.

"어떤 전투 계획도 눈앞의 적에게는 소용이 없다."

콜린 파월 전 미국 국무장관의 말입니다.
Colin Powell

달리 말해, 계획은 이론일 뿐이라는 것입니다.

그리고 이론과 실제 사이에는 아주 큰 차이가 있고요.

Mike Tyson

세계적인 복서이자 영화배우인 마이크 타이슨은

이렇게 말하기도 했습니다.

"얼굴에 강편치를 맞기 전까진 누구나 다 계획이 있다."

모든 것은 항상 변합니다.

기획 단계에서 세워진 수많은 가정은 틀릴 수 있습니다.

실제로 대부분은 맞지 않고요.

"오늘 강력하게 실행되는 좋은 계획이 다음 주의
완벽한 계획보다 낫다."

2차 세계대전의 영웅, 조지 패튼 장군의 명언입니다.
George S. Patton

가장 좋은 방법은 합리적인 계획을 빨리 수립한 뒤에
바로 밀어붙이는 것입니다.

02/ **모델**
MODELS

모든 모델은 틀렸습니다

ALL MODELS ARE WRONG

영국의 통계학자 조지 박스는 이렇게 말했습니다. George Box

"모든 모델은 틀렸지만 일부는 쓸 만하다."

모델이란 그저 어떤 것에 대한 '표현'입니다.

모델은 대개 단순화되어 있는데,
더는 단순화가 되지 않을 때까지 단순화시킨 것입니다.

영국의 수학자 앨프리드 화이트헤드는 이렇게 말하기도 했습니다. Alfred N. Whitehead

"단순함을 추구하되 그렇게 구한 답을 믿지는 마라."

많은 경영자가 본인이 그려낸 모델이 현실에서도 구현될 것이라고
가정하는 실수를 합니다.

모델은 현실에서 구현되지 않습니다.

모델은 그냥 안내자입니다.
제안입니다. 겉모습입니다.

그래서 다음에 누가 당신에게 모델을 제시하면,
일단 도전해보세요.

당신이 이후에 어떤 모델을 설계하게 되더라도,
굳이 그 모델을 신뢰할 필요는 없습니다.

목표를 정하되
나만의 방식으로

HIT THE TARGET, MISS THE POINT

목표는 그저 목표일 뿐입니다.

우리가 지향하는 것이지만, 달성하지 못할 수도 있습니다.

퍼센티지는 그저 퍼센티지입니다.
그런데 무엇을 기준으로 퍼센티지를 말할까요?

큰 덩어리의 1퍼센트는 제법 큽니다.
작은 것이라면 그것의 99퍼센트라 해도 사실 얼마 안 되지요.

지난해 목표치에 임의로 10퍼센트를 더하는 것은 그래서 무의미합니다.

절대적 성과가 있고, 상대적 성과가 있습니다.

절대적 성과는 당신이 성취하고 싶어하는 것입니다.

상대적 성과는 당신과 경쟁자들을 비교하는 것입니다.

경쟁자들이 어떻게 하는지 정말 신경이 쓰이나요?

아니면 당신의 의도와 목표에 더 집중하고 싶은가요?

어떤 방식으로든 목표를 정하되, 당신만의 방식으로 하세요.

방향과 목적지를
혼동하지 마세요

DON'T CONFUSE DIRECTION WITH DESTINATION

방향은 선이거나 길입니다.

어디론가 이어집니다.

그렇다고 목적지를 뜻하는 것은 아닙니다.

실제 여행이든, 시간의 개념이든,
어떤 여정도 일직선으로 진행되지는 않습니다.

대부분 하나가 아닌, 여러 방향을 들릅니다.

그래서 비록 목적지는 그대로여도,
오늘 선택한 방향과 내일의 방향은 다를 수 있습니다.

현명한 경영자들은 최종 목적지에 도달하기 위해
여러 방향을 거쳐야 한다는 것을 잘 알고 있지요.

목적지와 방향을 헷갈리지 마십시오.

움직임과 전진을
혼동하지 마세요

DON'T CONFUSE MOVEMENT WITH PROGRESS

많은 일이 일어난다고 해서 실제로 무언가 성과를 거둔 것은
아닙니다.

보통 비즈니스 현장에서는 많은 사람들이
바쁘게 움직이는 것을 좋아합니다.

뭔가 생산적이라는 느낌을 주기 때문이죠.

다들 뭘 하는지와 상관없습니다.
열정적인 모든 활동은 무엇인가 도움이 될 만한 일들이
진행되고 있다는 것을 보여줍니다.

심지어 어떤 이들은 그런 왁자지껄한 분위기를 좋아합니다.

그러나 그런 것들은 골키퍼가 페널티킥을 잡으려고
몸을 날리는 행동과 비슷합니다.

그냥 자기 자리를 지키는 것이 효과가 있을지도 모릅니다.

움직임이 곧 전진을 의미하는 것은 아닙니다.

그 둘을 혼동하지 마십시오.

'적절한' 일을 해야 합니다.

06 / 적응성
ADAPTABILITY

사실관계가 바꾸면
생각을 바꾸세요

WHEN THE FACTS CHANGE, CHANGE YOUR MIND

명료한 관점을 유지하는 게 좋습니다.

만약 당신이 능력있는 관리자가 되고 싶다면,
관점을 유지할 필요가 있습니다.

명료한 관점은 팀원들을 결집시키는 동기가 되고
당신이 하고자 하는 바를 설명해줍니다.

그렇지만 계획대로 되는 일은 거의 없습니다.

항상 새로운 정보가 등장하지요.

그래서 현명한 리더들은 언제 변화가 필요한지 압니다.

특정 방식을 끝까지 고집하며 변화를 거부하는 사람은
지켜보는 것만으로도 고통스럽습니다.

상황이 바뀌어도 그들은 바뀌지 않지요.

그들은 고집스럽게 원래 계획에 집착합니다.

John M. Keynes
경제학자 존 케인스가 이렇게 말했습니다.

"세상이 변했으니 나도 생각을 바꾸겠소. 당신은 어떻게 할 겁니까?"

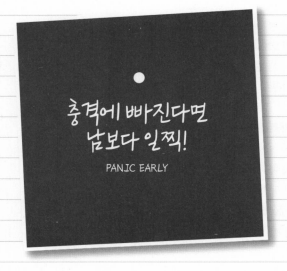

충격에 빠진다면
남보다 일찍!

PANIC EARLY

충격에 빠지는 게 좋을 리는 없지만,
기왕 겪을 거라면 초반에 당하는 게 낫습니다.

학창 시절 흔히 경험하는 시험 전날 밤 새우기 방식은
비즈니스 현장에서는 잘 안 통합니다.

오랫동안 표도 안 날 정도로 조금씩 하게 하거나
두서 없이 엉터리로 쏟아붓듯 업무를 지시하는 방식은
효과적이지 않습니다.

너무 많은 서류와 과제가 쌓이면
제때에 대응하거나 해결하기가 극도로 힘들어집니다.

다음번에 복잡한 과제를 접하게 된다면
일찍 놀라는 게 좋습니다.

24시간 이내에 관련된 사람들을 모두 불러모아
대책을 마련하고 실천에 옮기세요.

차후에도 얼마든지 조정할 수 있습니다.

압박을 받는 상황에서 일을 더 잘한다고 주장하는 분들에게
드리고 싶은 말씀이 있습니다.
"그렇지 않습니다."

잡스러운 일에는
도끼질을!

AXE ADMINISTRIVIA

대부분의 경영자들이나 회사들은 할 일이 너무 많습니다.

아니라고 해도, 최소한 외견상으로는 그렇습니다.
그러나 그들이 하는 일의 대부분은 잡스러운 업무, 즉 '잡무'입니다

우리에게 주어지는 업무가 많아질수록, 정말 할 가치가 있는 일들과
그렇지 않은 일들을 판단하는 것이 중요해집니다.

대부분의 현황 보고서와 업무 보고서는 중요하지 않은 것들로 채워집니다.

개개인이나 회사 모두 열심히 일하고 있다는 느낌에
빠지기도 합니다.

그러나 실상은, 무엇이 정말 중요한지 판단해야 할
그들의 시야를 흐리기 일쑤입니다.

아무거나 닥치는 대로 하지 말고, 정말 필요한 것을 찾아 집중하세요.

프로젝트나 과제들을 최대한 많이 추려내세요.

종종, 정말 필요했던 하나의 작업을 수행함으로 인해
프로젝트 전체가 완전히 바뀌기도 합니다.

시간을 들여서라도 그 특정한 작업이 무엇인지 찾아낸 다음에,
그냥 그것부터 하세요.

09/효율성
EFFECTIVENESS

생산이 아니라 성과

OUTCOME NOT OUTPUT

회사나 개인이 수행하는 업무량은 아무래도 상관없습니다.

"정말 대단한 프로젝트였어, 회의를 500번이나 했다니까"라고
말하는 사람은 아무도 없지요.

중요한 것은 얼마나 했느냐가 아니라 얼마나 성과를 냈느냐입니다.

그래서 "우리가 얼마나 많은 일을 할 수 있지?"라고
물으면 안 됩니다.

대신 "우리가 원하는 성과를 얻는 가장 쉬운 방법은 뭘까?"라고
묻는 겁니다

어떤 프로젝트나 과제를 시작하는
위의 질문을 진지하게 던져 보십시오.

그 답을 구하는 데 충분한 시간을 안배한다면,
나머지는 저절로 따라옵니다.

그리고 성과를 더 빨리 보게 됩니다.

안티리스트를 만드세요

ANTI LIST

안티리스트는
당신이 하지 않을 일들의 목록입니다.

당신이 무엇을 할지 정할 때 결정적인 도움을 줄 것입니다.

목록에 넣어야 하는 것들을 살펴볼까요?

첫째, 당신이 절대로 하지 않을 일들.

둘째, 당신이 하고 싶지 않은 일들.

셋째, 가까운 장래에 할 계획이 없는 일들.

세 가지 모두 당신이 어느 영역에서 성장할지
정하는 데 중요합니다.

첫 번째는 당신의 회사가 추구하게 될 원칙을 정해줍니다.

두 번째는 욕망과 동기를 씻어냅니다.

세 번째는 우선순위를 결정합니다.

안티리스트를 기존의 수행 과제 목록과 잘 매치시킨다면,
앞으로 당신의 비즈니스가 중심을 잡는 데 도움이 되는 강력한 공식이
되어줄 겁니다.

"당신이 무슨 말을 하는지가 중요한 게 아니라
사람들이 어떻게 듣는지가 중요하다."
—프랭크 런츠

Part 2
소통
COMMUNICATION

01 / 화제
TOPICALTY

이야깃거리가 없으면
말을 줄이세요

POINTLESS?

함께 나눌 이야깃거리가 없는 사람들끼리
굳이 대화를 나눌 필요는 없습니다.

너무 많은 사람들이 글자 그대로 무의미한 대화를 나눕니다.

좀처럼 말을 멈추지 않지요.

의미도 관점도 없는, 뭘 주장하는지 알 수 없는 얘기들을
끊임없이 늘어놓곤 합니다.

Harry Frankfurt
프린스턴 대학의 해리 프랑크푸르트 교수는 이렇게 말했지요.
"대화 주제와 관련된 사실에 대해, 자신이 아는 수준을 넘어서
말할 기회가 주어지거나, 말해야만 하는 상황에 놓이면
헛소리를 하게 된다."

대화를 하면서도 자신이 뭘 말하는지 모르고 있는 거죠.

회사에서 "저는 잘 모릅니다"라고 말하면 안 될 것 같지만
그렇게 말해도 전혀 문제없습니다.

사람들과 어떤 주제에 대해 대화를 나누고 싶다면,
진짜 나눌 만한 내용이 있는지 확신이 생길 때 말하세요.

02/**태도**
ATTITUDE

태도 공식을 잊지 마세요

RESPECT=OPINION+INQUIRY

존중   의견   요청

2000~2009년 P&G CEO로 재직했던 앨런 래플리는 Alan G. Lafley
2013년 다시 CEO로 복귀한 후, 대부분의 회의에 스무 명이 넘게
참석하고 있어 깜짝 놀랐다고 합니다.

그는 회의 방식부터 바꿨습니다.

회의에서 프레젠테이션을 하지 않기로 했으며(사전 합의된 전략적 이슈만 토론),
참석자는 최대 다섯 명을 넘지 않으며, 회의용 자료는 세 쪽을 넘지 않게
했습니다.

그는 또한 '적극적 요청'이라는 새로운 토론 방식을 도입했는데,
이는 발제자가 참석자들에게 자신의 생각을 지지하고, 경청해줄 것을
요청하는 방식입니다.

이 방식은 다음 한 문장에 잘 요약되어 있습니다.

"제 얘기가 들어보실 만한 가치가 있다고 생각되지만,
아직 부족할 수도 있습니다."

이 말은 상대에게 충분한 정보가 있다는 확신을 심어줌과 동시에
과신을 피하게 합니다.

또한 동료의 견해를 경청하게 함으로써 팀워크 조성에도 도움을 줍니다.

올바른 태도란 이처럼 의견과 요청이 혼합된 것입니다.

03/**명료함**
CLARITY

우리 이거 정말 해야 해요?

DO WE REALLY NEED TO DO THIS?

회사에는 일거리가 있어야 생산적인 기운이 돌지만
그렇다고 모든 일이 실행될 가치를 지니는 것은 아닙니다.

프로젝트들은 종종 독자적인 생명체처럼 굴기도 합니다.

많은 이들이 열심히 달리기만 하지, 아무도 잠깐 멈춰서서
무엇보다도 중요한 질문, "우리 이거 정말 해야 해요?"라고
묻지 않습니다.

이 질문은 냉소적이지 않으며, 일을 피하려는 것도 아닙니다.

현재 수행 중인 과제가 분명한 목적을 지니고 있는가를
판단하는 중요한 질문이지요.

잠깐 멈춰서서 스스로에게 물어보는 시간을 갖지 않는다면
팀 아니 때로는 회사 전체가 생각없이 '실행'하는
절망적인 결말을 맞게 될 것입니다.

그리고 그 '실행'은 결국 '여기서 우리가 일하는 방식'으로
자리 잡게 됩니다.

정말 위험한 상황이지요.

영국 시트콤 〈더 뉴 스테이츠맨〉의 주인공 캐릭터, 앨런 바스타드의 Alan B'Stard
유명한 대사처럼 "오늘 지껄이는 헛소리가 내일은 정책"으로
자리 잡게 됩니다.

43

허풍을 금지해야 할 때

BAN THE BULL

회사에는 실없는 소리를 늘어놓는 사람이 참 많습니다.
그렇다고 모두 거짓말쟁이라 볼 수는 없습니다.

거짓말이라기보다는 허풍이 좀 섞였다고 봐야겠지요.

지어낸 말이긴 하지만, 반드시 틀렸다고 볼 수는 없거든요.

허풍쟁이들은 정직하거나 거짓말을 하는 사람들보다
훨씬 더 자유를 누립니다. 그 이유는 어느 한쪽을 기준으로
삼지 않기 때문입니다.

그렇다고 이들이 거짓말쟁이들처럼 진실의 권위를 무시하거나
반항한다고 보기는 어렵습니다.

그냥 신경을 안 쓰는 사람들이지요.

허풍의 소용돌이에 빠져들면, 구성원 모두가 그럴듯한 이슈를
골라내서 겉모습을 꾸미는 데 엄청난 시간을 소모하게 됩니다.

그런다고 뭔가 결과물이 나오는 것은 물론 아니지요.

당신의 회사에서 이런 짓거리가 일어나고 있다면,
이제 허풍을 금지할 때가 된 것입니다.

아무나 붙들고 혹시 당신네 회사에 와플러*가 있냐고 물어보면,
제법 많은 사람이 그렇다고 대답합니다.

몇몇은 자신들이 와플러라고 고백하지요.

그들 대부분은 머릿속에 떠오른 생각을 말로 설명할 정도로
체계적으로 정리하지 못합니다.

와플러 중에는 누가 뭘 물어보면 질문과 상관 없이
생각나는 대로 떠드는 사람들도 있습니다.

회사에서 이런 과정이 반복된다면 근무환경이 비생산적이 될 겁니다.
이런 악영향을 끼치는 와플러가 있다면 멈추게 해야겠지요.

모든 와플러들에게는 이 허튼소리를 받아주는 와플리**가 있습니다.

와플러들은 스스로 제약을 가할 필요가 있습니다.
생각나는 대로 아무렇게나 말하기 전에 먼저 다음과 같이 물어보세요.

"아직 확실히 정리된 건 아니지만 좋은 아이디어가 떠올랐어요.
저한테 5분만 시간을 주시겠어요? 언제가 편하세요?"

* 와플러: 원칙없이 되는대로 지껄이는 사람
** 와플리: 와플러의 이야기를 들어주는 사람

47

06/정직
HONESTY

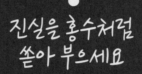

진실을 홍수처럼
쏟아 부으세요

TRICKLE OF DOUBT V. FLOOD OF NAKED TRUTH

진실을 말하면 당신의 삶은 덜 복잡해집니다.

한 가지 예를 들면, 거짓말을 안 하면 본인이 무슨 말을 했는지
기억할 필요가 전혀 없지요.

기업은 거짓말을 너무 자주 합니다.

거짓말쟁이와 같이 있는 것은 불쾌한 일입니다.

그렇지만 곧이곧대로 사실을 전달하는 것도 곤란할 수 있습니다.

Noel Coward
영국의 극작가이자 배우인 노엘 카워드는 이렇게 말했죠.

"거짓말에 충격을 받는 이들이 별로 없는 데 반해 솔직함에 충격을
받는 이들이 많다는 것을 생각하면 참 힘이 빠진다."

사람들이 제대로 된 정보를 갖게 하고 싶다면
의심이 조금씩 자라게 두지 말고 적나라한 진실을 홍수처럼
쏟아부으면 됩니다.

Cyril N. Parkinson
왜 그래야 하는지는 역사학자 시릴 파킨슨의 다음 표현에 나옵니다.

"소통의 부재로 만들어진 빈자리는 곧 해로운 것과 허튼소리,
거짓 진술 따위로 채워진다."

픽사의 성공 공식을
따르세요

THE POWER OF SEQUENCE

〈니모를 찾아서〉와 〈토이 스토리〉로 유명한
애니메이션 스튜디오 픽사는 성공적인 스토리를 만들어내는
검증된 공식을 갖고 있습니다.

Pixar Pitch
픽사 피치라고 불리는 이 스토리 구사법은 여섯 단계의 문장으로
구성됩니다.

옛날 옛적에, A

매일매일, B

그러던 어느 날, C

그래서, D

그래서, E

마침내, F

모든 성공적인 의사소통은 이 공식에 약간의 변화를 준 것입니다.

이 순서를 정확히 지키는 것이 깔끔한 스토리의 핵심입니다.

픽사의 성공 공식을 당신의 연설에 도입해보세요.
청중은 당신의 이야기에 몰입하게 될 것입니다.

이해하지 못할 거라
속단하지 마세요
DON'T ASSUME PEOPLE WON'T UNDERSTAND

"당신이 무슨 말을 하는지가 중요한 게 아니라,
사람들이 어떻게 듣는지가 중요하다."

Frank I. Luntz

미국의 정치 여론조사 전문가 프랭크 런츠의 말입니다.

맞는 말입니다.

이 말은 현실에서는 두 갈래 다른 방향으로 작동한답니다.

첫째, 어떤 이야기라도 전적으로 잘못 이해될 수 있습니다.

이야기할 때는 이러한 가능성을 염두에 두어야 합니다.
특히 다수의 청중이 듣는다면 더욱 그렇습니다.

둘째, 당신의 말이 잘못 이해될 수 있다는 가능성에도 불구하고
청중이 모든 것을 이해하지 못할 거라 생각하고 행동하지는 마십시오.
이해했을 가능성도 크니까요.

청중에게 전달할 내용에 복잡하고 기술적인 항목이 담겨 있다고 해서,
얼렁뚱땅 대충 넘기거나 별것 아닌 것처럼 이야기하지 마세요.

사람들이 관심을 가질 만한 방식으로 설명해야 합니다.

명확하게 이해시키는 것이 당신의 일이니까요.

대화 중 정적을
두려워 마세요

FIRST QUESTION, BIG PAUSE

작가이자 비평가였던 레베카 웨스트가 남긴 유명한 말이 있습니다.

"대화란 없다. 그냥 착각이다. 교차하는 독백들이 있을 뿐이다."

우리가 모두 그녀처럼 냉소적이지는 않다고 칩시다.

대화가 독백은 아니지요. 쌍방통행이니까요.

대화는 일종의 거래 같은 겁니다. 이 부분을 잘 이해해야 합니다.

따라서 상대방이 말할 때는 신중한 자세로 경청해야 합니다.

당신은 상대의 응답에 맞춰서 다음 발언을 조정해야 하지요.

많은 사람이 이 과정에서 스트레스를 받습니다.
대부분 계속 말을 던지려고만 하거든요.

그러나 상대방도 당신의 반응을 기다리고 있다는 것을 기억해야 합니다.

단지 정적을 피할 목적으로 늘 하던 허접스러운 이야기를
계속 늘어놓지 말고, 잠시 대화를 멈춰보는 건 어떨까요?

상대방은 당신에게 질문한 후에, 당신의 대답을 기다려야 할 겁니다.
그럼 당신도 생각할 시간을 번 후에 뭔가 신중한 대답을 내놓아야겠지요.

상대를 주목하고
조용히 합시다

STFU

런던의 음악 공연장 '재즈카페'의
무대 옆 기둥에는 네 글자가 쓰여 있다고 합니다.

STFU

'입 닥쳐'라는 뜻입니다.

그래야 공연을 제대로 들을 수 있으니까요.

재즈 공연에만 해당하는 문구라고 생각하실 수도 있겠네요.

프랑스 철학자 시몬 베유조차 이런 말을 했답니다. Simone Weil

"상대방을 주목하는 것은 가장 드물고 순수한 형태의 관용이다."

만약 당신이 동료에게 도움을 주고 싶다면 당신의 시간을 할애하면서
그 사람에게 적절히 집중해야 합니다.

"가끔은 혁신을 추구하다 실수할 때도 있다.
하지만 빨리 인정하고 다른 혁신을 개선해내가는 것이 최선이다."
– 스티브 잡스

Part 3
혁신
INNOVATION

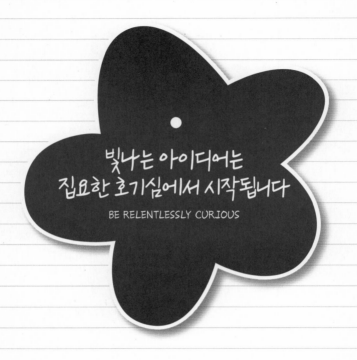

빛나는 아이디어는
집요한 호기심에서 시작됩니다

BE RELENTLESSLY CURIOUS

누군가 빛나는 아이디어를 내놓으면 사람들은 그가 엄청난 재능을
지녔거나 그냥 운이 좋았을 거라고 생각합니다.

둘 다 사실이 아닙니다.
당신도 혁신적으로 변할 수 있습니다.

모든 것의 출발은 집요한 호기심입니다.

종종 반짝이는 것들을 물어오는 까치처럼
본질적으로 다양한 것들에 두루두루 관심을 기울여야 합니다.

까다로운 과제나 문제에 맞닥뜨리면
깊은 곳에 쌓아둔 지성이 진가를 발휘합니다.

과제를 관찰만 하고 있던 당신의 뇌가 어느 순간
숨김 없이 자신의 모습을 드러내는 것입니다.

우연한 발견도 아니고 운도 아닙니다.

집요한 호기심이 만들어낸 직접적인 결과입니다.

혁신은 이렇게 시작됩니다.

02/**기회**
OPPORTUNITY

가까운 곳에서
먼저 찾으세요
CLOSE OR FAR AWAY?

영국 시트콤 〈테드 신부님〉에 나오는 테드 신부는
그의 딱한 조수에게, 어떤 물체(이 경우에는 소)가 멀리 있을 때와
가까이 있을 때 크기의 차이가 얼마나 나는지 설명하려는
헛수고를 합니다.

Stuart Kauffman
스튜어트 카우프만이라는 과학자가 'adjacent possible 인접 가능'이라는 말을
사용했습니다.

이것은 어떤 도전을 시도할 때 돌파해야 할 여러 단계 가운데
첫 번째 단계를 지칭하는 말입니다.

혁신을 꾀하려 한다면, 이것이 항상 최적의 지점입니다.

혁신 과제의 대부분이 수행 과정에서 실현 불가능하거나
불필요한 이상한 분야로 변질되곤 합니다.

주제에서 가장 가까운 요소들을 기획하는 것부터 시작해보세요.

그런 다음에 중심에서 바깥으로 확장해가면서
가장 간단한 다음 과제를 해결해보세요.

가까이에 있는 기회를 찾는 편이 멀리 있는 것을 찾는 것보다
쉬운 법입니다.

03/**참신함**
NOVELTY

당신이나 동료가 일할 때마다 이전 사례를 참조한다면
앞으로 나아가기가 어려워집니다.

과거에 일어난 일은 지나간 관심사일 뿐입니다.

지금 또는 미래에 어떤 일이 일어날지가 훨씬 더 중요합니다.

새로운 아이디어를 생각해내야 하는 상황이라면
과거는 잊어야 합니다.

Adam Morgan
전략전문가이자 작가인 아담 모건은 다음과 같이 말했습니다.
"당신의 최근 과거와 결별하라."

다른 방식으로 표현하면, 당신이 알고 있는 모든 것을 잊어버리고
다시 생각하라는 겁니다.

이러한 접근법은 낡은 사고의 거미줄을 거둬내
자유롭게 참신한 사고를 할 수 있는 토대를 마련해줍니다.

이러한 규칙은 아이디어를 짜내야 하거나 브레인스토밍을 할 때
상당히 유용합니다.

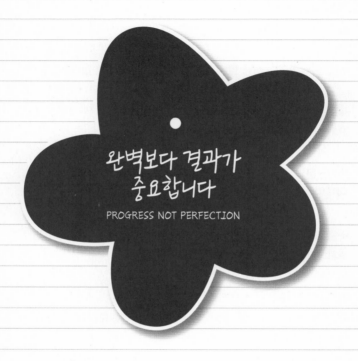

완벽보다 결과가
중요합니다
PROGRESS NOT PERFECTION

세상에 완벽한 것은 존재하지 않습니다.
그럼에도 어느 조직에서나 자신이 완벽주의자라고 주장하는 사람이
있게 마련입니다.

어떤 완벽주의자는 방어적인데, 그들은 자신들만큼 높은 기준을
갖춘 이들이 없어서 그렇다고들 합니다.

그러나 대부분의 완벽주의자는 자신도 그러고 싶지 않은데
어쩔 수 없이 그렇게 되었다고 말합니다.

직원들은 완벽주의자인 상사를 두려워합니다.
아무리 잘해도 그의 눈높이를 맞추기란 불가능하기 때문입니다.

자신이 한 일의 대부분이 상사에 의해 변경되다 보니
종종 시도 자체를 포기하기도 합니다.

손이 빠른 사람이라면 금방 끝낼 수 있는 일을
완벽주의자가 너무 오래 붙들고 있는 바람에
팀원들이 추가적인 스트레스를 받는 경우도 있습니다.

그렇다면 어떻게 해야 할까요?

완벽이 아닌 전진을 추구해야 합니다.

최선을 다하고, 일단 결과를 만들어 내세요.

05/ **대안**
ALTERNATIVES

대안은 많을수록 좋습니다

PLAN B V. PLAN A

계획은 종종 신기루 같습니다.

A안을 아주 정교하게 짜는 거야 전혀 탓할 일은 아니지만, 세상일이 그대로 일어날 가능성은 적습니다.

그래서 B안이 필요합니다.

아마 C안, D안, E안도 필요할 겁니다.

어떤 사람, 어떤 회사는 A안이 효과적이지 않다는 것을 알게 되었을 때 좌절합니다.

대개 A안에 감정을 너무 많이 개입했기 때문입니다.

그래서 한 가지 대안으로는 위험합니다.

A안에서 결함이 발견된 이상, 그대로 진행할 수 없으니까요.

좋은 소식은, B안이 A안보다 낫다는 결론을 얻을 수도 있다는 것입니다.

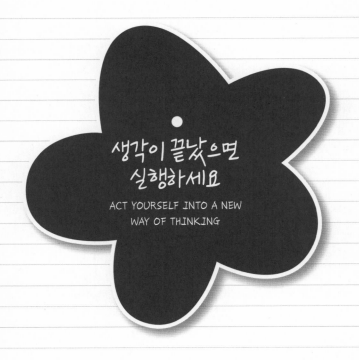

생각이 끝났으면
실행하세요

ACT YOURSELF INTO A NEW
WAY OF THINKING

사람들은 전략을 논하며 시간을 보내기를 좋아합니다.

근무시간에 커피를 마시고 간식을 먹을 핑계를 만들 수 있으니까요.

그렇지만 전략은 당신이 하기로 마음먹은 것을 대단한 것처럼 들리도록 포장하는 단어일 뿐입니다.

일에 착수해서 실행하지 않는 한 그냥 말에 머무를 뿐입니다.

학계에 오래된 농담이 있습니다.
"실제로는 작동하는데 그게 이론적으로도 작동하나요?"

당신의 회사나 팀이 회의에는 많은 시간을 들이면서
정작 실행에는 적은 시간을 투입한다면 전 맥킨지 컨설턴트인
리처드 파스칼의 말보다 안 좋은 상황에 처할 수 있습니다.
Richard Pascale

"사람들은 새로운 실행 방식을 생각해내기보다,
새로운 사고 방식을 정하는 경우가 더 많다."

생각이 끝났으면,
이야기는 그만하고 일을 시작하십시오.

그러면 실제로 실행이 가능한지 제대로 알 수 있을 테니까요.

닥치고 시제품부터
만들어보세요

PROTOTYPING AS SHORTHAND

사무실에 앉아서 "만약에 …하면 정말 좋겠지?"라고 말하는 건
누구나 할 수 있습니다.

그 질문에 대한 합리적인 대꾸는,
"그렇고말고, 네가 한번 해볼래?"일 겁니다.

이 대목이, 흔히 말하는 죽이는 아이디어가 주저앉는 곳입니다.
심지어 화이트보드에 아이디어를 끼적여보지도 못하지요.

제안하고 싶은 제품이 있다면 소박하더라도 먼저 시제품을 만들어보세요.
몇 개월 때로는 몇 년 치의 설명이 단축되어 즉시 본론에
돌입할 수 있습니다.

만약 눈에 보이는 만질 수 있는 제품을 구상중이라면 조악하더라도
어떻게 작동하는지 보여줄 수 있는 시제품을 만들어보세요.

장점이 있는 제품이라면, 금방 알아볼 수 있을 겁니다.

만약 서비스에 대한 아이디어라면, 그게 구현 가능한지
한번 그대로 실행해보세요.

이것을 보디스토밍이라 부릅니다.
브레인스토밍 아이디어를 신체 동작으로 구현하는 것이죠.

초반에 시제품을 신속하게 만들어보면 모든 혁신 과정이 향상될 겁니다.

08/긴급
URGENCY

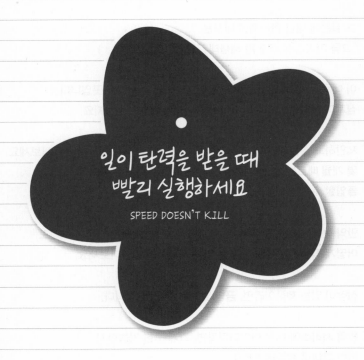

일이 탄력을 받을 때
빨리 실행하세요
SPEED DOESN'T KILL

과속하면 죽는다고 사람들이 말합니다.

그렇지 않다는 의견도 있는데요,
다음은 방송인이자 칼럼니스트인 제레미 클락슨의 주장입니다.
Jeremy Clarkson

"스피드가 사람을 죽인 적은 없습니다.
갑자기 정지 상태가 되면서 그렇게 되는 겁니다."

모든 프로젝트는 탄력을 받을 때 잘됩니다.
그게 인간의 본성이지요.

우리는 새로운 장난감이 생기면 매우 흥분합니다.

그러나 시간이 지나면 흥분이 가라앉지요.

당신은 프로젝트를 시작도 하기 전에,
에너지와 열정의 그래프를 그럴듯하게 그릴 수 있습니다.

그러니 관료주의나 관성 따위가 끼어들게 두지 마십시오.

새로운 아이디어에서 오는 초기 에너지를 움켜쥐고
최대한 빨리 실행해보세요.

미루는 것보다 바로 실행해보는 게,
정답인지 아닌지 더 빨리 알게 될 테니까요.

제발 사용설명서를
읽으세요
RTFM

RTFM이라는 영어 첫머리 글자는
'제발 사용설명서를 읽으세요'의 약자입니다.

이 첫머리 글자는 무지한 오퍼레이터들을 도와주어야 하는,
열 받은 엔지니어의 발명품입니다.

오퍼레이터들은 기계가 어떻게 작동하는지 늘 똑같은
어리석은 질문을 던집니다.

먼저 사용설명서를 읽어보려는 노력은 전혀 기울이지 않고 말이죠.

만약 설명서를 읽었다면, 자기들이 뭘 하는지를 더 잘 알겠지요.

너무도 많은 회사와 직원들이 즉흥적으로 일합니다.

일정을 진행해나가는 한편 부족한 부분을 메워 가면서 말이죠.

때때로 그 방식이 먹히기도 하지만 대부분은 잘 안 됩니다.

RTFM이 진정 유익한 조언이 되는 시점입니다.

절차를 따르십시오. 제대로 훈련을 받으세요.
궁금한 부분은 상세히 배우도록 하세요.

그래서 무지의 편에서 지식의 편으로 옮겨가세요.

Fool's gold white space

'바보의 황금 흰 여백'이라는 말이 있습니다.

바보의 황금은 금처럼 보이지만, 금이 아닙니다.

황철광과 황동광같이 노란 광물들을 지칭하지요.

흰 여백은 비어 있다는 뜻이니 전략가들의 눈에는

시장에 공략이 가능한 빈틈이 있는 것으로 보일 겁니다.

그런데 꼭 그렇지 않을 수도 있습니다.

특히 혁신의 영역에서 그렇습니다.

'바보의 황금 흰 여백'이란, 시장에서 분명 빈틈으로 보이는데,

실제로는 실행할 수 없는 '가짜 기회'를 뜻합니다.

많은 혁신가가 여기에 속았답니다.

그러니까, 다음에는 아무도 장악하지 못한 빈 영역이 보이면

스스로에게 두 가지 질문을 던져보세요.

왜 여기가 아직도 비어 있을까?

우리는 모르고 남들만 아는 무엇이 있는 걸까?

"창의력은 아이디어의 충돌에서 생긴다."
– 도나텔라 베르사체

Part 4

창의성

CREATIVITY

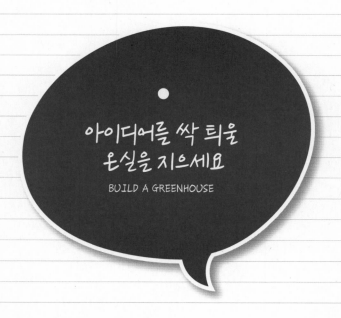

창의성을 꽃 피우려면 그에 적합한 환경을 조성해야 합니다.

대부분의 사무실은 그런 점에서 메마른 환경이지요.

에어컨 소음, 부실한 조명, 자연광이 들어오지 않는 자리.
환기가 안 되는 구조….

이런 환경에서는 브레인스토밍은 고사하고,
창의적인 생각을 하기 어렵습니다.

연구에 의하면, 푸른색 벽과 높은 천장이 있는 장소에서
더 많은 아이디어가 나온답니다.

경계 없는 세계, 속박되지 않았던 시절을 상기시킨다고 합니다.

노르웨이의 유명한 탐험가 토르 헤위에르달이 한 마디 했습니다.

Thor Heyerdahl

"국경? 나는 결코 그것을 본 적이 없지만
어떤 사람들의 마음속에 그것이 존재한다는 것을 알고 있다."

당신이 만약 창의성을 간절히 원한다면 우선 도움이 될 만한
환경을 조성하십시오.

아이디어가 싹을 틔우고 성장할 온실 말이죠.

02/**모호함**
AMBIGUITY

시작단계에서의 모호함은
당연합니다

FUZZY FRONT END

'퍼지 프런트 엔드'란, 프로젝트의 시작 단계에서 나타나는 FUZZY FRONT END
어수선하고 불확실한 모습을 설명하는 데 종종 사용되는 표현입니다.

이 단계에서는 앞으로 일이 어떻게 진척될지, 또는 어떻게 결론이 날지
하나하나가 분명하지 않아 보입니다.

당황하지 마세요. 어떤 창조적 시도에서든 이런 것은 정상입니다.

저술가이자 컨설턴트인 맥스 매케온이 이에 대해 지적한 적이 있지요. Max McKeown

"당신이 뭔가 새로운 것을 시도하고 있는 한 모호함은 상존한다."

사실 그는 모호함은 중반부나 후반부에도 종종 등장한다고
주장했습니다.

그러니 긴장을 푸세요.

뛰어나게 창조적인 사람들과 창조적인 문화는 모호함에
익숙하답니다.

아리스토텔레스가 언급한 적이 있지요. Aristoteles

"어떤 관념을 수용하지 않으면서도 즐길 수 있음이 배운 사람의
표지이다."

모든 창조성은 암흑 속에서 총을 쏘는 것과 같은 어려움을 수반합니다.

발견이라는 것은, 누구나 볼 수 있는 것을 보면서
아무도 생각해내지 못한 것을 생각할 때 일어납니다.

A에서 B로의 도약에는 종종 예상치 못한 C를 거치는 경우가 생깁니다.

누군가 확실히 자리 잡은 영역에서 약간의 개선을 꾀하는 시도는
대개 충분한 차별점이 없어 실패하고 맙니다.

그래서 파괴적인 요소가 요구됩니다.

당신이 움켜쥔 것이 무엇이든, 기존 제품이나 소프트웨어를
철저히 '파괴'하는 것에서 시작하십시오.

작업대 위를 치우고 나서 다시 시작해보세요.

아주 다른 두 가지 방향으로 도전과제에 접근하십시오.

내가 그것에 관해 무엇을 아는가?

내가 그것에 관해 무엇을 모르는가?

이 두 질문에 대한 답변 어디엔가 새로운 독창성이 놓여 있답니다.

많은 아이디어를 갖는 것을 건강한 사업체의 척도로 간주하는 게
유행입니다.

그렇지만 중요한 것은 아이디어의 숫자가 아니지요.

얼마나 쓸 만한 아이디어인지가 중요합니다.

그리고 실현 가능성이 어느 정도인지도요.

너무 많은 아이디어에 집중하게 되면 각각의 아이디어에 충분한
자원이 배분되지 않을 수 있습니다.

그런 상황은 아이디어가 전혀 없는 것만큼이나
성공에 도움이 안 되지요.

그러니 그냥 안 좋은 아이디어만 없애지 마시고요.

괜찮은 아이디어들도 같이 죽여보세요.

특히 아주 썩 좋은 게 아니라면 말입니다.

이렇게 해야 가능한 모든 자원을 진짜 잘될 가능성이 보이는 곳에
집중적으로 투입할 수 있습니다.

'또는'을 '그리고'로 바꾸기

TURN ORs INTO ANDs

창조적인 아이디어를 만들어낼 때,
아이디어가 많이 쌓이면 쓸 만하고 괜찮은 것들이 보이기도 합니다.

그런 경우, 창조적 대화에 어떤 언어를 사용하느냐에 따라
당신의 팀이 만들어내는 결과가 달라질 수 있습니다.

우리 시대의 뛰어난 혁신가이자 〈비즈니스 위크〉 선정
'세계에서 가장 영향력 있는 디자이너'로 알려진 로저 마틴은
이렇게 표현했지요.　　　　　　　　　　　　Roger Martin

"관리자들은 '또는'을 '그리고'로 바꿔야 한다."

달리 말하면, "우리가 이것 또는 저것을 할 수 있다"라고
말하는 대신, "우리는 이것 그리고 저것을 할 수 있다"로
토론을 집중해야 한다는 겁니다.

물론 이것은 많은 아이디어를 포기하고 몇 개만 남기자는 주장과
반대되는 관점입니다.

그렇지만 흥미로운 점은, 창의성과 혁신으로 유명한
위대한 회사(예를 들어 버진 그룹, P&G) 대부분이 처음에 많은 것을
시도해보고 잘되는 것만 살렸다는 사실입니다.

창조성에 대해 말해보자면, 흔히 말하는 '유레카!'나 '아하!' 같은
깨달음의 순간을 경험하기란 극히 드문 일입니다.

《탁월한 아이디어는 어디서 오는가?》의 저자 스티븐 존슨에 따르면,
Steven Johnson
가장 괜찮은 아이디어는 육감에서 시작해
천천히 발전한다고 합니다.

이 모든 과정은 당신이 스스로 요점을 정리하면서 시작됩니다.

당신의 깊은 의식, 또는 무의식에게 진행 중인 과제가
무엇인지 설명해주는 거지요.

번뜩이는 아이디어가 즉시 떠오르기를 기대하지 마세요.

그리고 그것과 씨름하지 마세요,
더 열심히 생각할수록 별 볼 일 없는 결과물이 나옵니다.

만약 개략적인 생각을 적어 놓는다면,
나중에 그것으로부터 돌파구가 열릴 가능성이 큽니다.

십중팔구는 당신이 전혀 다른 것을 하고 있을 때입니다.
그래서 그렇게 많은 사람들이 샤워를 하다가, 조깅을 하다가, 심지어 벽에
페인트칠을 하다 말고 기가 막힌 아이디어를 생각해내는 거랍니다.

느린 육감을 신뢰하십시오.

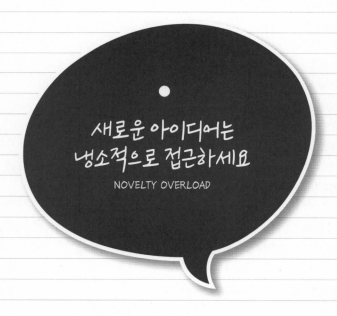

새로운 아이디어는
냉소적으로 접근하세요

NOVELTY OVERLOAD

누구나 새로운 것을 사랑합니다.

어떤 이유에서든 오래된 것보다 더 흥미롭지요.

그러나 기업은 참신함의 과잉에 주의해야 합니다.

새로운 아이디어는 관심과 시간, 자원을 필요로 하고
만약 이것이 사람들에게 제대로 전달되지 않는다면
매우 혼란스러울 수도 있습니다.

이에 대한 돌파구는 프로젝트에 대한 인정사정없는 가지치기와
새로운 아이디어에 투입될 시간과 자원에 대해
건강한 냉소주의를 실천하는 것입니다.

"오늘 아침에 어마어마하게 끝내주는 아이디어가 떠올랐지만,
그냥 잊어버리기로 했지."

영화사 메트로골드윈메이어의 창업자인
새뮤얼 골드윈이 한 말입니다.
Samuel Goldwyn

새로운 아이디어가 어떤 수준의 것인지 인식한 다음,
더 큰 이익을 위해 이를 포기하는 데는 용기가 필요합니다.

그러니 나중에 당신과 팀이 굉장히 좋은 아이디어를 떠올린다고 해도
우선 포기해야 할지부터 검토하십시오.

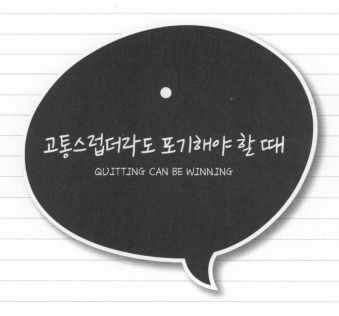

어떤 순간이 오면, 더는 지속한다는 게 무의미해질 때가 있습니다.

경영 현장에서, 이 생각은 두 가지 유익한 관점을 제공하죠.

첫째로, 어떤 사람이나 기업은 지금까지 해온 것을
포기하고 싶어 하지 않는 마음이 있습니다.

물론 이것이 옳은 판단일 수도 있지만,
창의력이 필요한 영역이라면 낡은 방식을 고수하면서도
생산적인 경우는 드물지요.

둘째로는 되지 않을 것이 명백한데도 모든 구성원이
너무 몰입해 있다면, 철수하는 것이 제일 나은 선택입니다.

고통스럽더라도 포기하는 편이,
수준 이하의 운영을 지속하는 것보다 낫습니다.

어떤 프로젝트든 중단한다는 것은 용기가 필요합니다.
특히 모든 사람이 엄청난 시간과 노력을 기울였을 때 그렇지요.

하지만 때로는 그게 옳은 행동입니다.

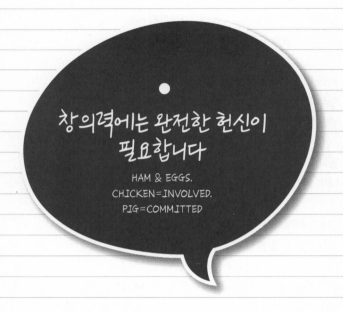

Martina Navratilova

마르티나 나브라틸로바는 '지금까지 생존했던
최고의 단식, 복식, 혼합복식 선수'로 불립니다.

Billie Jean King

이 찬사는 마찬가지로 세계 최고의 선수였던 빌리 진 킹이
남긴 것입니다.

다음은 나브라틸로바가 헌신에 대해 한 말입니다.

"다른 선수가 테니스에 참여하는 거라면 저는 테니스에 헌신합니다.
달걀과 햄 같은 것이죠. 닭은 참여하고, 돼지는 헌신합니다."

자, 이제 이해하시겠죠? 창의력을 극한까지 뽑아내고 싶다면,
완전한 헌신이 필요합니다.

대충 할 생각으로 할 수 있는 일이 아닌 겁니다.

열정이 식어가는 걸 스스로 느낀다면,
아이디어가 썩 훌륭하지 않았다고 결론 내리는 것이
합리적일 것입니다.

더 열심히 해보세요.

완죠의 벽을 만드세요

CREATE A 'DONE' WALL

Scott Belsky

스콧 벨스키는 저서 《그들의 생각은 어떻게 실현됐을까》에서,
'완료의 벽'을 제안했습니다.
Done Wall

완료의 벽은 사기를 높이는 데 탁월하답니다.

벽에 아주 긴 체크리스트를 붙입니다. 그리고 팀원들이 해결한
모든 과제를 거기에 적어놓습니다. 이렇게 하면 팀이 얼마나 진전을
이뤘는지 모두에게 상기시켜줄 수 있습니다.

사무실 분위기가 생산성 공장처럼 될까봐 걱정되나요?
이 벽 때문에 더는 아무도 성공하지 못하면 어쩌나 걱정하며
허송세월하게 되진 않을 겁니다.

이렇게 정말로 앞으로 한 걸음 내딛는 것과 진보와 무관한 움직임
사이에는 엄청난 차이가 있음을 유의하십시오.

미루기 좋아하는 사람들은 극히 불확실한 일을 하곤 하는데,
이 일들은 금방 끝낼 수는 있으나 왜 하는지가 불명확합니다.
누구도 그 일이 실제로는 시간 낭비일 뿐임을 깨닫지 못합니다.

그래서 완료의 벽은 다 함께 무엇인가 만들어낼 것을
확인시켜주는 곳, 진정 도움이 되는 발전의 조각들이 모여 있는
집입니다.

"재능은 게임에서 이기게 한다.
 그러나 팀워크는 우승을 가져온다."
 – 마이클 조던

Part 5

관계

RELATIONSHIPS

01/태도
ATTITUDE

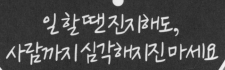

일 할땐 진지해도,
사람까지 심각해지진 마세요
TAKE THE ISSUES SERIOUSLY,
BUT NOT YOURSELF

'농담은 모두 진담으로 간주합니다.'
국경검문소 근처 경고판에 쓰인 글귀입니다.

매사에 정말 심각한 사람들이 있습니다.

그들에게는 모든 게 간단하지 않습니다.

거만, 자기도취, 건방, 오만, 자만….

사람들이 심각한 사람에게 갖는 이미지입니다.
이렇게 보이고 싶은 사람은 없을 겁니다.

동료와의 관계를 적당히 가볍게 유지하면서도
일에서는 진지한 사람으로 보이는 게 불가능한 일은 아닙니다.

살짝 자기 비하를 해주는 것도 어느 정도 도움이 됩니다.

우리 모두가 엄청 잘나가는 임원처럼
무례하게 굴 필요는 없잖아요.

사실 우리 중 누구도 그래서는 안 됩니다.

그러니까 직장에서 일할 때는 진지해야겠지만
그렇다고 너무 심각해지면 곤란합니다.

02/동기부여
MOTIVATION

내 몫은 뭔가요?

WHAT'S IN IT FOR ME?

이 간단한 질문은 두 가지 전혀 다른 방향으로 작동합니다.

둘 다 신랄한데요.

첫째는 당신 자신을 향합니다. "내 몫은 뭔가요?"

이 질문은 어떤 일을 하고 싶게, 또는 하고 싶지 않게 작용하는
결정적인 역할을 합니다.

만약 당신이 그 작업이나 프로젝트에 만족할 것 같지 않다면,
그 일을 피하겠지요.

둘째로 다른 사람의 입장이 되어 그들이 묻는다고 상상합니다.
"내 몫은 뭔가요?"

당신이 상대방이 만족할 만한 답변을 내놓지 못한다면,
그가 당신에게 동의하거나, 당신의 부탁을 들어줄 가능성이
줄어듭니다.

사람들이 당신의 뜻에 동의하거나 일을 제대로 하게 하려면
충분한 동기부여가 필요합니다.

금전적인 부분에 동기부여가 되는 사람도 있지만
종종 동기부여 문제는 단순합니다.

03/겸손
HUMILITY

겸손한 관리자가
성공합니다

MANAGE MODESTLY

Simone Weil

프랑스 철학자 시몬 베유는 겸손을 다음과 같이 정의내렸습니다.

"겸손은 정중한 인내이다."

결국은 겸손한 사람이 성공합니다.

그럼에도 여전히 많은 관리자가 위협적으로 소리를 지르고,
남성우월적이며, 부하직원에게 권력을 휘두릅니다.

이런 태도는 당연히 바람직하지 않습니다.
그래야 할 필요가 전혀 없으며, 효과적이지도 않습니다.

이런 방식에도 장점이 있다고 생각할지 모르지만
실제로는 전혀 장점을 찾아볼 수 없습니다.

따라서 기업은 겸손한 관리자를 찾아야 합니다.
겸손한 사람은 허세를 부리지 않습니다.

끊임없이 자랑하지 않습니다.

남의 성과를 가로채지 않습니다.

그래서 관리자를 선발할 때는 그가 겸손한 사람인지 살펴봐야 합니다.

당신이 관리자라면, 겸손한 태도로
즐겁게 일하는 분위기를 만들 수 있어야 합니다.

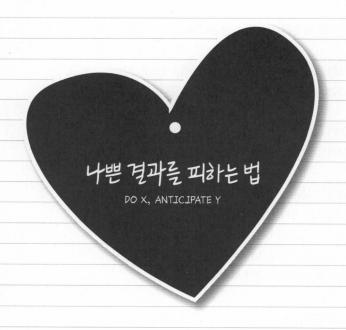

나쁜 결과를 피하는 법

DO X, ANTICIPATE Y

가능성이 높은 인과관계를 연습하는 데는 몇 초 걸리지 않습니다.

잠깐 생각해볼까요?
"만일 내가 X를 한다면, Y가 (거의 확실히) 발생합니다."

이제 당신은 다음 행동을 하기 전에,
Y가 가치 있는 일인지 분석할 수 있습니다.

만약 Y가 가치가 있다면 X를 하면 됩니다.

만약 Y가 그런 가치 판단과 무관하거나 사소하다면,
마찬가지로 X를 합니다.

만약 Y가 가치가 없다면, X를 하지 않으면 됩니다.

마지막 경우가 틀림없이 가장 힘들겠지요.

너무 많은 사람이 바람직하지 않은 결과를 초래할 것을 분명히
알면서도 일을 저지르고 맙니다.

몇 초 만이라도 잠시 멈추고 생각해보세요.
나쁜 결과를 수천 번은 피할 수 있을 겁니다.

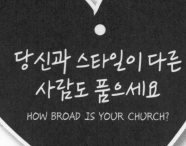

당신과 스타일이 다른
사람도 품으세요

HOW BROAD IS YOUR CHURCH?

다양성을 포용하는 집단에는 다른 유형의 사람들이 많습니다.

다양성을 환영하는 정도가 아니라 적극적으로 장려합니다.

그러니 팀을 짤 때, 당신에게 맞는 사람 위주로 채우지 마세요.

결국, 당신과 비슷한 후배 직원들만 잔뜩 모아놓게 됩니다.

의심의 여지없이, 당신은 재능과 강점뿐 아니라
결점과 약점 모두를 지니고 있답니다.

"성격을 보고 뽑아라. 기술은 가르치면 된다."
페터 슈츠, 포르셰 CEO의 말입니다.
Peter Schutz

스타일이 다른 사람들에게 마음을 열고 다양성을 갖춘 팀을
만들기 위해 그들을 품어주십시오.

그런 다음 적당한 이들에게 적절한 과제를 배정합니다.

한 달 만에 아기가 태어날 수 없듯이
독단적으로 업무를 배분한다고 해서 더 빠르고 더 좋은 결과를
얻는 것은 아니니까요.

제대로 일을 하는 적임자들이 필요합니다.

06 / **일관성**
CONSISTENCY

20마일 전진의 일관성

20 MILE MARCH

노르웨이의 극지 탐험가 로알 아문센은 남극에서
매일 20마일씩 꾸준히 전진하여 영국의 탐험가 로버트 스콧과의
경쟁에서 이겼습니다.

Roald Amundsen

Robert F. Scott

아문센은 장비와 함께 이동해야 하는 탐험대의 1일 최적 이동거리는
20마일임을 연습을 통해 미리 알고 있었습니다.

악천후에도 탐험대는 어떻게든 목표치를 채웠고, 날씨가 좋은 날에도
다음 날에 쓸 힘을 비축하기 위해 20마일만 이동했습니다.

반면 스콧의 팀은 날씨가 나쁜 날에는 텐트에서 머물고
날씨가 좋을 때는 무리해서 전진하다가 지쳐갔습니다.

이 이야기의 교훈은 회사나 팀, 개인 모두 이 정도의 일관성을
목표로 삼아야 한다는 것입니다.

경영전략서의 저자인 짐 콜린스와 모튼 한센은 이 일관성을
'광적인 규율'이라 정의했습니다.

Uames C.JimCollins,III Morten T. Hansen

Fanatic discipline

상황이 곤란하다고 늦추지 말고, 쉽다고 무리해서는 안 됩니다.

일관된 20마일 행진을 지켜나가고,
당신의 동료에게도 이런 일관성을 요청하세요.

작은 변화를 시도하세요

SMALL THINGS = BIG DIFFERENCE

세상이 모두 덩치 큰 것들에 홀린 듯 보입니다.
오래된 농담 한 마디 할까요.

텍사스인: "내가 어릴 적 살던 곳은 온종일 운전을 해도
여전히 내 땅 안에서 벗어나지 않았죠."

영국인: "맞아요, 나도 옛날에 그런 차가 한 대 있었지요."

거대한 것이 반드시 좋은 것은 아닙니다.
오히려 나쁠 수도 있습니다.

이에 반해, 작은 변화는 어마어마한 장점이 있답니다.

행동과학에서는 언어 습관을 바꾸는 것만으로도
큰 변화가 일어날 수 있음을 보여줍니다.

작은 변화는 투입해야 할 자원이 적게 들거나 아예 공짜이기도 하지요.

작은 변화는 상사와 참견쟁이들의 관심이 적기 때문에
시도하기가 쉽다는 장점도 있습니다.

본래 목적을 달성하지 못할 때 조정하기도 쉽고요.

'다음 세대의 대박'은 작은 것에서 나올 수 있음을 기억하십시오.

동료에게 당신의 시간을
내주세요
HAVE YOU GOT A MINUTE?

동료에게 친절하고 예의 바른 사람이 되는 데는
돈이 들지 않을 뿐만 아니라, 직장 생활이 더욱 즐거워집니다.

또한 모든 사람에게 좋은 영향을 주기도 하지요.

사려 깊고 긍정적인 사람들은 자기와 비슷한 사람들을
더 불러들입니다.

그들은 서로 존중해주는 만큼 존중받습니다.

평온하고 스트레스를 덜 받는 근무환경이 조성된다는 의미입니다.

그들은 동료를 도울 시간이 항상 존재한다는 걸 알고 있습니다.

사람들이 당신에게 잠깐 이야기할 시간이 있냐고 묻는다면,
합리적인 범위 내에서, 대답은 늘 '네'라고 하세요.

이런 수준의 존중과 친절함은 매정하지 않으면서도
솔직한 대화를 가능하게 해줍니다.

Amy M. Poehler
미국의 여배우 에이미 포엘러가 말했지요.
"당신 의견에 동의하지 않는 사람과 대화를 나누면서 상대방의
의견을 폄하하지 않는다면, 그때 비로소 당신의 의견이 전달됩니다."

이는 모두에게 좋은 소식입니다.

중요한 회의인데 누군가(주로 최상급자)가 도착하지 않은
회의에 참석한 적이 있습니까?

회의는 시작되고, 제시간에 맞춰 도착했던 예의 바른 참석자들은
뭔가 생산적이고 쓸 만한 결론을 내고 합의합니다.

어느 정도 시간이 흐른 뒤, 회의에 불참했던 상급자는
회의에서 합의한 내용을 뒤집어버리거나 무시해버리지요.

이건 말이 안 됩니다.

불참 = 할 말 없음

달리 말하면, 당신이 만약 회의에 참석을 못 했다면
안건에 대한 거부권 행사는 물론이고, 팀원들을 도와줄 권리마저
상실한 것입니다.

고위 간부들은 이 점을 명심해야 합니다.

가쁜 숨을 쉬며 회의와 회의 사이를 뛰어 이동하는 것이나,
회의 주제에 대한 낮은 이해도와 부실한 준비, 그나마 때로는
아예 불참석하는 것, 모두 비정상적인 행동입니다.

아예 회의에 얼굴조차 못 내밀었다면 더 미안한 상황이니,
부서원들끼리 도출한 결론에 최소한의 존중이라도 보여주세요.

미국의 배우이자 가수인 미트 로프가 부른 노래 중에,

Meat Loaf

'나머지보다 시끄러운 모든 것'이 있습니다.

Everything Londer Than Everything Else

이 노래는 많은 사업가, 특히 흥분한 사장들이 어떻게 하는지
대략적으로 보여줍니다.

그 사람들은 모든 것에 최대치의 에너지를 불어 넣습니다.

한꺼번에 너무 많은 프로젝트에 손을 댑니다.

직원들 모두가 각자의 위치에서 종일 일만 하기를 원하고요.

하나의 목표를 설정하지 않습니다.
여러 개를 한꺼번에 추구하지요.

그리고 그들은 지금 당장 모든 것을 원하는 데다가,
가능했다면 어제 완료되었기를 바랄 사람들이지요.

이런 방식은 모두를 헷갈리게 하고, 다음 단계에 무엇을 할지 판단할
능력마저 무력화시킵니다.

명확한 우선순위의 설정은 필수입니다.

냉정하게 판단해 우선순위가 낮은 과제는 날려버리고,
직원들이 한 번에 한 가지에 집중하게 합시다.

"영감이 오는 것을 기다리고 있을 수는 없다.
곤봉을 가지고 쫓아 다니는 수밖에."
— 잭 런던

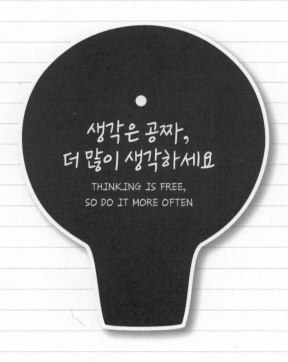

많은 이들이 생각할 시간이 없다고 주장합니다.

딱한 변명입니다.

생각하는 데 사실 긴 시간이 걸리지 않거든요.

돈도 안 들고요, 아마 당신이 가진 가장 강력한 자산일 겁니다.

소설가 빅토르 위고가 이렇게 말했습니다.
Victor Hugo

"군대에 대적할 수는 있어도 때를 만난 아이디어에는
대적할 수 없다."

좋은 아이디어는 많은 사람을 움직일 수 있습니다.

더욱 겸손한 자세로 분명하게 생각하면
당신이 신뢰를 얻지 못했거나, 별로 잘될 리가 없는 일들에 쏟을
많은 헛수고를 예방할 수 있습니다.

종일 연이은 회의 일정에 묶이지 않은 날에,
'생각나면 한다'는 상당히 효과가 좋은 주문입니다.

앉아서 생각합니다.

뭔가 생각이 나면, 즉시 그 일을 시작합니다.

머릿속에 자리 잡았던 작은 것들이 다 정리되고,
업무 목록에 적어둔 것들을 다 처리할 때까지 종일 반복합니다.

여러 분야를 들여다보고 목록을 만들거나,
사업을 검토할 때도 같은 원칙을 적용할 수 있습니다.

과제를 주제별로 나누거나 한 부서원에게 일임한 뒤
한 번에 하나씩 처리합니다.

별로 효과가 없다는 것이 증명된 멀티태스킹보다
이 방법이 더 낫습니다.

빠른 시간 내에 연속 업무를 효율적으로 할 수 있습니다.

뭔가를 시작해서 끝내고, 빠르게 다음 업무로 옮겨가는 거죠.

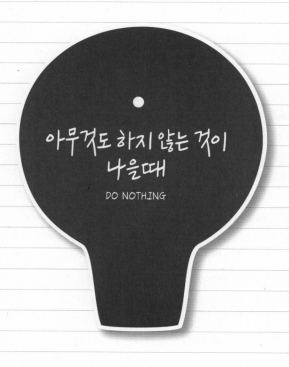

아무것도 하지 않는 것이
나을때

DO NOTHING

급진적인 경영자로 유명한 브라질의 사업가 히카르도 세믈러는
Ricardo Semler

안 좋은 일이 일어나면 결국, 분별력이 상황을

정리할 것이라는 가정하에 아무것도 하지 말라고 말합니다.

좋은 충고입니다.

tit-for-tat

맞받아치기 반응은 상황을 오히려 악화시킬 수 있습니다.

'내가 X를 하면 Y가 발생한다'는 간단한 원리만

잊지 않는다면, 당신도 쉽게 결과를 예측할 수 있습니다.

다른 관점에서 보자면, 너무 많은 사업 활동들이 비생산적입니다.

팀이나 개인 차원은 물론이고, 회사 수준에서도

아무것도 하지 않는 편이 나았을 상황들이 아주 많습니다.

이 말이 황당하게 들린다면, 직원이 만 명이나 있는 회사가

일 년 내내 최선을 다해 일하는데 적자가 나는 상황을

어떻게 설명할 수 있을까요?

앞으로 뭔가 화끈한 활동을 할 계획이라면,

차라리 아무것도 하지 않는 쪽을 고려하십시오.

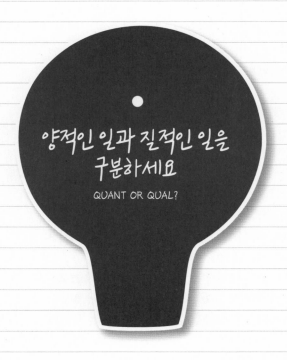

양적인 일과 질적인 일을
구분하세요
QUANT OR QUAL?

직무를 분석하는 가장 좋은 방법은 그것이 양적인지 아니면
질적인지를 알아내는 것입니다.

양적인 업무는 잘될 수도 안될 수도 있습니다.
그냥 일이니까요. 대개 상당한 규모로 행해지지요.

질적인 직무는 더 많은 생각을 해야 합니다.
대개 시간이 오래 걸리며, 결과가 확실히 좋기도 하지만,
때로는 형편없습니다.

체크리스트를 꺼내서 모든 직무를 두 종류로 나눠보십시오.

그런 다음 그것들을 해결하도록 적절한 시간을 할당합니다.

당신이 선택한 시간대는 개인적 취향이나 일터에서의 리듬이
적당히 섞여서 결정되지요.

예를 들어 어떤 사람들은 월요일 출근 직후 또는
청소하는 금요일 식으로 양적 업무만 한꺼번에 몰아서 해치웁니다.

양적인 업무는 일정표에 따라 신중하게 계획하며,
막판에 밀어내는 사소한 일처럼 취급해서는 안 됩니다.

우리를 통제하는
기술을 길들이세요
TAME YOUR TECHNOLOGY

기술은 우리가 일하며 사는 방식을 바꿔놓았고,
우리의 생각 이상으로 우리를 통제합니다.

컨설턴트 토드 헨리가 말한 핑이라는 표현에는
아무런 특별한 이유 없이 이메일을 확인하게 만드는
미묘한 느낌, 즉 흐트러지는 마음이라는 뜻이 담겨 있습니다.

우리는 다른 어디선가 일어날지도 모르는 일보다
우리 앞에 놓인 것들에 더 주목하는 법을 배워야 합니다.

디지털 시대를 살아가는 우리는 대부분 '지속적 부분 주의' 상태에
놓여 있습니다.
회의 참석 중에 이메일을 작성하고, 보고서를 작성하면서 채팅을 하는
등 한 가지 일에 주의를 기울이지 못합니다.

늘 실패하면서도 멀티태스킹이 생산성을 높여줄 것이라고
자신을 설득합니다.

이제 기술을 길들여야 할 때입니다.

기술이 우리의 행동에 끼치는 실제 영향을 이해하고,
이를 무력화시킬 수 있는 변화를 꾀해야 합니다.

무언가 중요한 일을 끝내야 한다면 가끔 컴퓨터를 끄고
고요함 속에서 시도해보십시오.

'안 된다'는 말을 사용하지 않고도
거절하는 방법은 많습니다.

대개 새로운 질문을 던지거나 받은 요청을 재구성하는 식이지요.

가장 강력한 방법은 더 나은 대안을 제시하는 것입니다.

이 방법의 장점은 요청받은 과제가 훨씬 더 흥미롭게 변하거나,
아예 안 들어줘도 되도록 바뀐다는 점입니다.

그리고 당신은 언제나 정중하고 건설적인 태도를 유지할 수 있고요.

물론 안 된다고 말할 때도 있습니다.

이런 상황에서는, 추가 정보를 요청하는 것처럼 들리게 하십시오.

Bob Gill
프링글스의 CEO 밥 길의 말입니다.

"그들의 대답이 정말 '아니요'를 의미한다기보다는,
단지 당신만큼 이해하지 못한 것이다."

상대방이 '예'라고 말할 때까지 정보를 제공하는 게
당신의 역할입니다.

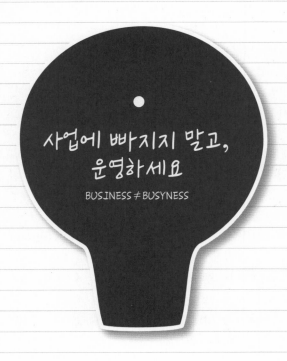

사업에 빠지지 말고,
운영하세요

BUSINESS ≠ BUSYNESS

비즈니스에서 효과적이라는 것은
항상 끊임없이 바쁘게 일해야 한다는 의미가 아닙니다.

Business   Busyness
비즈니스와 비지니스가 같은 말이 아니듯,
바쁘다고 좋은 게 아닙니다.

사실, 절대로 그러면 안 됩니다.

온종일 돌아다니고 있다면, 당신은 생각할 시간이 없다는 거죠.

Michael E. Gerber
그렇다면 《사업의 철학》의 저자인 마이클 거버의 제안대로
하는 것이 낫습니다.

"사업에 빠지지 말고, 사업을 운영하라."

이 말은 중요한 문제를 고민할 양질의 시간을
충분히 확보하라는 뜻입니다.

중요한 문제를 해결하고 나면, 나머지는 사소한 관리적 업무입니다.

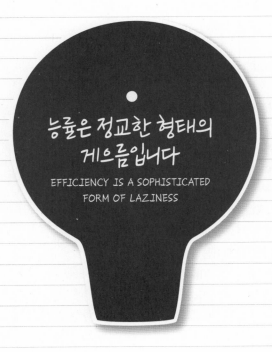

능률은 정교한 형태의
게으름입니다

EFFICIENCY IS A SOPHISTICATED
FORM OF LAZINESS

당신이 정리를 잘하는 성격일수록 더 여유를 부릴 수 있습니다.
그것이 게으르다는 의미는 아니지만, 크게 다르지는 않을 겁니다.

자, 논리적으로 풀어볼게요.

당신이 하루, 일주일, 어떤 프로젝트 또는 다른 직무를 계획하는 데
충분한 시간을 들이고 나면, 그 다음 일은 정해진 방식으로 수행됩니다.

순서에 맞춰서, 제시간에 이뤄지지요.

그러면 마감에 임박해서 부산을 떨 이유가 줄어듭니다.
따라서 생각할 시간이 더 생기고, 원한다면 빈둥거릴 시간도 생깁니다.

Ron Serino
시인 론 세리노는 다음과 같이 말했습니다.

"자유의지로 선택했다면 규율은 절대적 자유이다."

이것이 선순환입니다.

그러나 그 논리가 반대 방향으로는 작동되지 않는다는 점도 중요합니다.

상당한 시간을 빈둥대며 보낸 뒤, 마지막 순간에 모든 것들이 제대로
작동되기를 기대해봐야 그런 일은 일어나지 않지요.

여유로움이나 평온함은 조직적으로 작업을 끝냈을 때만 일어납니다.

원하는 것을
이미 가진 듯 행동하세요
PRETEND YOU ALREADY
HAVE WHAT YOU WANT

많은 사람이 자신의 목표를 달성하지 못할 것을 걱정하며
시간을 허비합니다.

구성원 개인일 수도 있고, 제품이나 브랜드 나아가
회사 전체가 그러기도 합니다.

근심은 비생산적입니다.

엄청나게 많은 시간을 잡아먹고 스트레스만 만들어냅니다.

차라리 그 시간에 당신이 이미 원하는 것을 이룬 것처럼
행동하는 것도 가능하겠지요.

비록 공상 속의 이야기 같고, 어쩌면 시간 낭비처럼 느껴지겠지만
당신이 갈망하는 그 성공적인 결과를 마음속에서
실제로 그려볼 수 있답니다.

스포츠 심리학자들에 따르면 성공한 운동선수들은
승리한 본인의 모습을 미리 상상합니다.

그러니까 열망의 선명도를 높이기 위해,
이미 당신이 원하는 것을 가졌다고 가장하세요.

그것이 환상일 수는 있겠지만, 당신이 현재 걱정하고 있는 것들도
환상이기는 마찬가지입니다.

모든 것을 찾아보고,
모든 것을 기록하세요
LOOK EVERYTHING UP,
WRITE EVERYTHING DOWN

호기심을 잃지 않는 것.
모든 성공과 창의적인 경영자가 되는 전제조건입니다.

뭔가 이해하지 못했을 때, 그냥 덮지 마세요. 찾아보세요.

어떻게 작동하는지 모르겠으면 방법을 찾아보세요.

어떤 단어의 뜻을 모르면 사전을 찾아보세요.

모든 것을 기억할 수 없을 것 같으면, 적어두세요.

항상 수첩을 휴대하세요.

까치의 마음을 지니세요. 흥미로운 자극에 늘 깨어 있으세요.

운 좋은 발견을 연습해봅시다.

생각을 더 많이 할수록, 당신은 (당연히) '적재적소'에 있게 됩니다.

꼼꼼한 기록과 지적 호기심이 만나면 강력한 조합을 이룹니다.

모든 것을 찾아보고, 모든 것을 기록하세요.

Eating The Big Fish(1등 브랜드와 싸워 이기는 전략), Adam Morgan, John Wiley, 1999

Execution(실행에 집중하라), Bossidy&Charan, Crown Business, 2002

Great By Choice(위대한 기업의 선택), Collins & Hansen, Random House, 2011

Imagine, Jonah Lehrer, Canongate, 2012

Making Ideas Happen(그들의 생각은 어떻게 실현됐을까), Scott Belsky, Portfolio Penguin, 2011

On Bullshit, Harry G. Frankfurt, Harvard Business Review Press, 2005

Playing To Win(승리의 경영전략), Lafley& Martin, Harvard Business Review Press, 2013

The Accidental Creative(나를 뛰어넘는 법), Todd Henry, Portfolio Penguin, 2011

The E Myth Revisited(사업의 철학), Michael E. Gerber, Harper Collins, 1995

The First Mile, Scott D. Anthony, Harvard Business Review Press, 2014

The Innovation Book, Max McKeown, Pearson, 2014

The Pirate Inside, Adam Morgan, John Wiley, 2004

To Sell Is Human, Daniel Pink, Canongate, 2012

Where Good Ideas Come From(탁월한 아이디어는 어디서 오는가), Steven Johnson,
    Penguin, 2010

저자 소개

지은이 케빈 던컨Kevin Duncan

비즈니스 컨설턴트이자 마케팅 전문가, 동기부여 강사, 저자로 활동하고 있다. 광고업계와 다이렉트 마케팅에서 20년간 종사한 뒤, 지금은 독립해 다수 기업에서 성장 전략과 마케팅 전략에 대한 자문 업무를 하고 있다. 비즈니스의 성공과 단순화를 주제로 《Business Greatest Hits》《Marketing Greatest Hits》《Run Your Own Business》 등 십여 권의 책을 집필했으며, 국내에서는 《다이어그램북》이 출간되었다. 또한 그의 책은 프랑스어, 러시아어, 포르투갈어, 터키어 등으로 번역되었다.

kevinduncanexpertadvice@gmail.com

expertadviceonline.com I thesmartthinkingbook.com

옮긴이 이기대

스타트업 얼라이언스 이사. 외국계 회사에서 마케터로 사회생활을 시작해 한국과 미국에서 서치펌 창업자, 호텔 오너, 스타트업 HR 임원을 거쳐 사회적 기업 대표를 역임했다. 뉴욕 주립대에서 컴퓨터공학과 석사학위를 받았으며, 가톨릭대에서 상담심리, 캘리포니아 주립대 대학원에서 노년학을 공부했다. 지은 책으로 《스무 살, 이제 직업을 생각할 나이》《외국인회사 들어가기 & 옮겨가기》, 옮긴 책으로 《왜 학별은 세습되는가?》《내 연봉 내가 정한다》가 있다.

비지니스에 영감을 주는
짧지만 강력한 아이디어

초판1쇄 2016년 9월 8일

지은이 | 케빈 던컨
옮긴이 | 이기대

발행인 | 이상언
제작책임 | 노재현
편집장 | 서금선
에디터 | 조한별
디자인 | 김진혜 김미연
마케팅 | 오정일 김동현 김훈일 한아름 이연지

발행처 | 중앙일보플러스(주)
등록 | 2007년 2월 13일 제2-4561호
주소 | (04517) 서울시 중구 통일로 92 에이스타워 4층
대표전화 | 1588-0950
제작 | 02 6416 3950
홈페이지 | www.joongangbooks.co.kr
페이스북 | www.facebook.com/hellojbooks

ISBN 978-89-278-0793-3 03320

중앙북스는 중앙일보플러스(주)의 단행본 브랜드입니다.